O Soldadinho de Chumbo

PEDRO QUERIA MUITO GANHAR UM
BATALHÃO DE SOLDADINHOS DE CHUMBO. SEU
ANIVERSÁRIO ESTAVA CHEGANDO E PEDIU AOS
CÉUS QUE ALGUÉM LHE DESSE ESSE PRESENTE.

SEU PADRINHO REALIZOU SEU SONHO:
DEU A ELE UMA CAIXA DE SOLDADINHOS DE
CHUMBO. MAS NO MEIO DO PAPEL DE SEDA
VERDE, ENTRE TANTOS SOLDADINHOS, HAVIA
UM QUE NÃO TINHA UMA PERNA.

PEDRO TINHA MUITOS BRINQUEDOS: UM
URSO DE PELÚCIA, UM MACACO DE CORDA,
UM PALHAÇO, UMA BAILARINA DE CERA E
MUITOS OUTROS. MAS AGORA PREFERIA SEUS
SOLDADINHOS.

UM DIA, SOPROU UMA RAJADA DE VENTO,
FAZENDO VOAR A CORTINA PARA FORA
DA JANELA. ELA SE ENROSCOU NO
SOLDADINHO PERNETA E O ARRASTOU,
FAZENDO-O CAIR NA RUA.

PEDRO DESCEU AS ESCADAS CORRENDO
PARA TENTAR SALVAR SEU SOLDADINHO, QUE
HAVIA CAÍDO SOBRE UM PEQUENO MONTE DE
AREIA E FICOU ENTERRADO ATÉ O JOELHO,
SÓ COM A PERNA DE FORA.

PEDRO NÃO VIU O SOLDADINHO E VOLTOU
PARA SEU QUARTO DESOLADO.
FOI A BAILARINA DE CERA QUEM MAIS
SENTIU FALTA DO SOLDADINHO, QUE A
OLHAVA COM DOÇURA E UM RARO BRILHO
NO OLHAR.

DOIS MENINOS VIRAM A PERNA
DO SOLDADINHO NO MONTE DE AREIA
E O ERGUERAM. ELES O ACHARAM BONITO,
MAS QUANDO IAM BRINCAR COM ELE
PERCEBERAM QUE ERA PERNETA.

FIZERAM UM BARCO DE PAPEL, COLOCARAM
O SOLDADINHO DENTRO E SOLTARAM EM UM
PEQUENO CANAL. LÁ SE FOI O SOLDADINHO
DE CHUMBO. SEM SABER POR QUE, ELE SE
LEMBROU DA BAILARINA DE CERA.

O BARQUINHO FOI NAVEGANDO RIO
ABAIXO ATÉ CHEGAR AO ESGOTO E SEGUIU
POR ELE ATÉ O MAR. ENTÃO, O BARQUINHO
VIROU E O SOLDADINHO FOI PARAR NO
FUNDO DO MAR.

UMA GRANDE CORVINA APROXIMOU-SE DO
SOLDADINHO E O ENGOLIU DE UMA SÓ VEZ.
MAS O ESTÔMAGO DO PEIXE NÃO CONSEGUIA
DIGERIR O CHUMBO DO SOLDADINHO.

UNS PESCADORES LANÇARAM A REDE
AO MAR E PESCARAM A CORVINA, QUE
FOI VENDIDA À COZINHEIRA DA FAMÍLIA
DE PEDRO. ELA ABRIU O PEIXE E VIU O
SOLDADINHO DE CHUMBO EM SUA BARRIGA.

A COZINHEIRA LAVOU BEM O SOLDADINHO E O COLOCOU SOBRE A MESA. QUANDO PEDRO VIU QUE O SEU SOLDADINHO ESTAVA DENTRO DA BARRIGA DE UM PEIXE, FICOU MUITO ESPANTADO.

PEDRO LEVOU O SOLDADINHO PARA O QUARTO E A BAILARINA DE CERA OLHOU PARA ELE COM OS OLHOS CHEIOS DE LÁGRIMAS. ASSIM QUE PEDRO SAIU, O SOLDADINHO E A BAILARINA TROCARAM OLHARES APAIXONADOS.

QUANDO O RELÓGIO BATEU AS DOZE
BADALADAS, OS BRINQUEDOS GANHARAM
VIDA. O SOLDADINHO FOI ATÉ A BAILARINA
DE CERA, FEZ UMA REVERÊNCIA E OS
DOIS SE ABRAÇARAM.

O SOLDADINHO PEDIU A MÃO DA BAILARINA
EM CASAMENTO E TODOS OS OUTROS
BRINQUEDOS FIZERAM A MAIOR FESTA.
E FORAM FELIZES PARA SEMPRE, CLARO!